RÈGLE TOPOGRAPHIQUE

ET

BOUSSOLE-RAPPORTEUR

PAR LE

Capitaine DELCROIX

ÉCOLE SPÉCIALE MILITAIRE (1891-1892)

—

NOTICE

BERGER-LEVRAULT ET Cⁱᵉ, LIBRAIRES-ÉDITEURS

PARIS	NANCY
5, RUE DES BEAUX-ARTS	18, RUE DES GLACIS

1893

RÈGLE TOPOGRAPHIQUE

ET

BOUSSOLE-RAPPORTEUR

PAR LE

Capitaine DELCROIX

ÉCOLE SPÉCIALE MILITAIRE (1891-1892)

—

NOTICE

—

BERGER-LEVRAULT ET Cie, LIBRAIRES-ÉDITEURS

PARIS	NANCY
5, RUE DES BEAUX-ARTS	18, RUE DES GLACIS

1893

DIVISION DE LA NOTICE

DÉTERMINATION

D'UN INSTRUMENT PORTATIF

DE RECONNAISSANCE.

———oo°o°oo———

I. — AVANT-PROPOS. — BUT DE L'INSTRUMENT.

La *règle topographique* de campagne a pour but de résoudre les petits problèmes relatifs à la lecture des cartes et à la connaissance du terrain, souvent nécessaires à la conduite des troupes, en manœuvre, en marche ou en station. On peut avec elle dresser vivement un levé expédié, un itinéraire rapide, et établir un croquis pittoresque à l'aide d'un tableau élémentaire de perspective plane.

Employée avantageusement pour l'estimation des distances de tir et des longueurs de levé, comme stadimètre vertical et horizontal, la règle donne, par une simple visée, la mesure soit d'un angle horizontal, soit d'un angle vertical, ou les deux presque simultanément, sans déranger l'instrument.

On peut ainsi arriver à la solution de ce qui intéresse le tir, les levés topographiques et les reconnaissances.

Les dimensions d'un petit portefeuille (profondeur et largeur de la poche de la vareuse) lui assurent un transport pratique ; il en est de même de la *boussole-rapporteur,* dont les dimensions sont celles de la poche-ticket.

II. — DESCRIPTION DE L'INSTRUMENT.

La règle topographique se compose de deux instruments juxtaposés : la règle topographique proprement dite, et la boussole-rapporteur.

La figure 1 donne l'élévation et le plan ; la figure 2 la vue arrière et la figure 3 une vue oblique de l'instrument.

1. La règle topographique.

La règle topographique se compose d'une règle plate, dont les côtés sont taillés en biseau ; établie à la demande des poches de côté du dolman et de la vareuse de campagne, elle est large de quatre doigts et suffisamment longue pour servir d'alidade, et permettre de tracer les directions.

Sur les bords en biseau r_1 et r_2 sont gravées deux échelles triples généralement usitées, chacune d'elles donnant les échelles multiples ou sous-multiples l'une de l'autre ; sur l'un des côtés, les échelles du $\dfrac{1}{80\,000}$, du $\dfrac{1}{40\,000}$ et du $\dfrac{1}{20\,000}$; sur l'autre, les échelles métrique, du $\dfrac{1}{10\,000}$ et du $\dfrac{1}{100\,000}$, des levés de garnison et des cartes étrangères. Enfin le petit côté d'arrière E, également taillé en biseau, porte l'échelle des écartements de courbes, pour l'équidistance de 1/4 de millimètre de la carte d'état-major et des cartes topographiques en général, ceci pour les pentes usuelles de 1/2 à 10 centièmes, en passant par la pente connue de 1/64.

Sur la partie avant de la règle, se trouve encastré à gauche un niveau sphérique.

La règle porte sur son grand axe la ligne de visée expédiée, parallèle aux grands côtés ou lignes de foi de l'appareil. Elle est déterminée par une ligne de mire constituée par le cran de mire C et le guidon G, à sections équilatérales.

A cheval sur l'axe s'élève une pinnule PO, montée à charnières de façon à pouvoir se rabattre sur la règle pendant le transport. Cette pinnule est terminée par un oculaire rectangulaire spécial.

A une distance de 100 millimètres de la pinnule oculaire et parallèlement à son plan, est suspendu dans un portique vertical P′, entre deux tourillons, un miroir perpendicule translucide en verre platiné, quadrillé en millimètres, sur lequel sont marqués deux axes rectangulaires et disposés de telle manière que l'axe horizontal du miroir et l'axe horizontal de l'oculaire forment un plan exactement parallèle au plan inférieur de la règle.

Les yeux de couleur claire se voyant difficilement par réflexion, il a été établi, au centre de l'oculaire, une prunelle en cuivre p, un peu plus petite que la prunelle de l'homme, percée en son centre d'un visuel circulaire V. La prunelle humaine peut ainsi déborder légèrement, pour bien centrer le rayon visuel de l'observateur. Le visuel est assez petit pour assurer la visée, et assez grand pour embrasser le champ du miroir. Cette prunelle auxiliaire est toujours très nettement perçue par réflexion dans le miroir.

Le miroir serait reporté à 150 mm pour les observateurs que la vision à 100 mm fatiguerait outre mesure, et la graduation du miroir serait faite en *millimètres et demi*, centième de cette nouvelle distance.

L'axe vertical du miroir et l'axe vertical de la pinnule oculaire forment le plan médian de l'appareil.

Les divisions sont lues à droite et à gauche de la glace, en haut et en bas.

Une fenêtre est ménagée à la base du miroir pour la visée expédiée.

Le portique vertical est monté à charnière et à crémaillère afin qu'il puisse être rabattu sur la règle pour le transport, et prendre en outre diverses inclinaisons en avant et en arrière.

L'inclinaison à 45° ou 50 grades, obtenue par la crémaillère et un rempart de la règle, donne une image droite et redressée de la boussole. L'inclinaison variable en avant permet de faire les visées rapides à cheval ou les visées très expédiées : on tourne dans ce cas l'appareil bout pour bout, la règle restant dans la main gauche, pour recevoir l'image de l'objet visé sur les axes superposés du miroir et de la pinnule oculaire réfléchie.

Un couvre-lumière CL en laiton noirci sert d'écran aux rayons lumineux verticaux pendant les observations et protège la glace pendant le transport.

2. La boussole-rapporteur.

Une boussole-rapporteur d'angles B à limbe rectifiable, dont l'aiguille est placée entre deux glaces transparentes, est encastrée, axe sur axe, dans la règle topographique.

La transparence des deux glaces entraîne la suppression du rapporteur et donne plus de précision au report automatique des angles, par rapport à la directrice ou au méridien pris comme origine, en leur superposant l'axe de l'aiguille aimantée.

Sur la glace supérieure sont tracées à angle droit deux flèches d'alignement. Quatre petits repères ou colonnettes C_1, C_2, C_3 et C_4, permettent de conserver les axes rectangulaires malgré la rotation de la boussole. Le repère nord permet de placer le zéro, ou une graduation quelconque égale à la déclinaison du lieu, sur la ligne de mire ; un vernier au $\frac{1}{10}$ assure cette position en faisant défiler devant lui les divisions du limbe ; un méplat circulaire gradué en grades donne le prolongement exact des divisions du limbe, ainsi amplifiées proportionnellement au rayon.

Ces colonnettes et les flèches de la glace peuvent servir de ligne de visée élémentaire, lorsqu'on emploie la boussole isolée.

Le limbe rectifiable de la boussole permet de rapporter toutes les observations au nord géographique ou méridien du lieu d'observation ; aussi le centre de la boussôle a-t-il été placé exactement sur la ligne de mire ou grand axe de l'appareil.

· L'aiguille de la boussole peut être immobilisée à un moment quelconque avec un écart minimum, à l'aide d'un dispositif à levier à double courbure et à loquet. Le loquet est manœuvré par l'index de la main droite.

Afin d'obtenir plus de précision dans la lecture, l'aiguille, formée d'un losange très effilé, a été placée un peu au-dessous et presque au contact du limbe gradué. La graduation est lue, par coïncidence et superposition, dans le plan vertical, de la pointe et de la division. L'observateur est ainsi amené à bien se placer pour lire l'angle.

Si le miroir est disposé à 45°, l'angle est lu dans le miroir ; on peut aussi surveiller les oscillations de l'aiguille aimantée pour l'immobiliser dès qu'elle est arrêtée.

La boussole est graduée de préférence en grades ou degrés centésimaux, afin de simplifier les calculs. Les divisions progressent dans le sens des aiguilles d'une montre ; les angles horizontaux se comptent et se rapportent dans le sens inverse de 400 à 0.

La boussole-rapporteur peut être facilement retirée de son encastrement, et isolée de l'appareil, de manière à constituer une boussole pratique de campagne absolument indépendante et permettant de résoudre les petits problèmes de lecture des cartes, de marche, de manœuvre et de stationnement.

Les nombreux renseignements donnés par la règle topographique en font aussi bien un instrument pratique sur le terrain, qu'un instrument de bureau pour la rédaction des ordres sur les cartes diverses.

III. — TOPOGRAPHIE.

1. Mesure des angles horizontaux, tracé des directions et report des distances (planimétrie).

On peut employer trois plans de visée :

1e Le plan de *visée expédiée* (fig. 4) [cran de mire et guidon], en amenant le sommet du guidon tangentiellement à la base du triangle équilatéral renversé, formé par le cran de mire, et en dirigeant cette ligne sur le point visé ; l'angle mesuré par la boussole est lu dans la glace ou enregistré à l'aide du levier. Le portique est incliné à 45°.

2° Le plan de *visée rapide* (fig. 5) [visée par réflexion], constitué par le grand axe du miroir et l'image de l'axe vertical de la pinnule oculaire. On tourne l'appareil bout pour bout en déplaçant le zéro de la boussole de 200 grades et en le faisant passer du côté de la pinnule oculaire ; on reçoit ensuite l'image de l'objet visé dans la glace que l'on incline à volonté jusqu'à coïncidence des images. L'angle est lu sur la boussole ou enregistré à l'aide du levier.

3° Le plan de *visée normale* (fig. 6) constitué par les axes verticaux de la pinnule oculaire et du miroir perpendicule. Le portique est vertical : l'œil placé au visuel circulaire dirige le plan de visée sur le point observé au travers du miroir translucide. L'angle est enregistré à l'aide du levier dès que l'aiguille est immobile.

Mesure et report des angles par leur tracé. — Le point étant visé, les angles sont tracés directement sur le levé, la planchette, ou le carnet disposé sur une canne, le long des lignes de foi de l'appareil, qui sert d'alidade.

Mesure et report des angles à l'aide de la boussole. Usage de la boussole. — Les angles horizontaux ou azimuts sont mesurés dans le plan horizontal de l'aiguille aimantée, par rapport au méridien magnétique ou géographique, ou à un méridien quelconque, pris comme origine des angles.

Les directions visées, à tracer, peuvent être observées ou rapportées de diverses manières :

1° En faisant la lecture de l'angle dans le miroir incliné à 50 grades (45°), l'instrument levé à hauteur des yeux ; dans ce cas, la visée et la lecture de l'angle sont deux opérations simultanées : ce procédé convient donc aux levés rapides ou de reconnaissance. Si on veut enregistrer l'angle, l'image de la boussole permet de surveiller dans le miroir les oscillations de l'aiguille aimantée, pour l'immobiliser au moment où elle est arrêtée ;

2° En faisant la lecture de l'angle directement sur la boussole, si, après avoir renversé le zéro, on se sert du plan de visée rapide (visée par réflexion), l'instrument à hauteur de la poitrine ;

3° Automatiquement, après l'immobilisation de l'aiguille, qui enregistre l'angle observé. Pour le rapporter, on fait coïncider par superposition, au travers des glaces, l'axe de l'aiguille aimantée avec la directrice du levé ou le méridien pris comme origine, la pointe bleue tournée vers le nord. Il suffit alors de faire glisser la boussole parallèlement à elle-même, l'aiguille restant toujours superposée au méridien ou à la directrice jusqu'à ce que la ligne de foi, ou grand côté de l'instrument, passe par le point de station, puis de tracer l'angle le long de la ligne de foi ;

4° En faisant la lecture de l'angle sur la boussole pour inscrire le résultat sur un carnet. On peut ultérieurement reproduire l'angle observé par l'aiguille aimantée et le rapporter comme précédemment, ou se servir de la boussole transparente comme d'un rapporteur.

Ces deux dernières façons d'opérer pour la mesure des angles et le tracé des directions, peuvent être effectuées avec la boussole seule, sortie de son logement. On vise dans ce cas avec la flèche tracée sur la glace supérieure ou avec l'un des côtés ; les angles sont alors mesurés par rapport au méridien magnétique. On vise avec les colonnettes ou avec l'un des côtés, si on mesure les angles par rapport au méridien géographique, ou à un méridien quelconque.

Le vernier permet de régler la boussole par rapport au méridien pris comme origine à $\frac{1}{10}$ de grade près.

Pour régler la boussole sur le méridien magnétique, on amène le zéro de la graduation en coïncidence avec le repère nord, en faisant tourner le limbe avec le pouce et l'index. Pour la régler sur le méridien géographique, on amène en face du repère le chiffre de la graduation, mesurant la déclinaison du lieu à l'est ou à l'ouest, suivant le sens oriental ou occidental de la déclinaison. Ainsi, à Paris, on amène la division 17,25 vis-à-vis le repère. Pour la régler sur un méridien quelconque, on amène, vis-à-vis le repère, le chiffre de la graduation mesurant l'angle de ce méridien quelconque avec le méridien magnétique.

Nous pouvons donc mesurer, lire et rapporter les angles, tracer les directions par rapport à n'importe quelle origine.

Nota. — Pour trouver pratiquement, d'une façon expédiée, la déclinaison du lieu en campagne, il faut déterminer la direction du nord vrai, direction de l'ombre à midi, direction de l'étoile polaire à son passage au méridien. On installe ensuite la ligne de foi de l'appareil ou de la boussole, préalablement réglée sur le méridien magnétique, le long de cette direction trouvée. L'angle de déclinaison est immédiatement marqué par l'aiguille aimantée. Si on trouve à proximité un cadran solaire, on installe la ligne de foi le long de la ligne zéro-midi, et l'aiguille indique la déclinaison du lieu.

Mesure des angles horizontaux à l'aide du miroir perpendicule. Usage du miroir. — On peut se passer de la boussole

et mesurer les angles horizontaux dans le plan horizontal
formé par l'axe horizontal du miroir et l'axe horizontal de
l'oculaire. On prend pour origine des angles la ligne de
visée horizontale déterminée par le centre du miroir et du
visuel. Les angles sont exprimés, à droite et à gauche, en
centièmes de la distance des deux centres qui est précisé-
ment égale à 100 mm.

D'un seul mouvement on ne peut mesurer que des
angles d'amplitude moindre que la demi-largeur du miroir. Cependant, pour permettre à l'observateur de faire
un tour d'horizon complet, la largeur du miroir a été déterminée d'après la longueur du côté du polygone régulier
circonscrit de 14 côtés au cercle de 100 mm de rayon
($45^{mm},65$). L'amplitude de l'observation est donc de 22 à
23 centièmes à droite et à gauche ($22^{mm},82$ exactement)
Le champ d'observation est ainsi de 28 grades 1/2 ou 25°.
En 14 évolutions, liées les unes aux autres, on achèverait
la révolution complète du tour d'horizon.

En bornant l'observation à environ 20 mm à droite et à
gauche (exactement $19^{mm},50$), il faudrait 16 évolutions
correspondant au polygone régulier circonscrit de 16 côtés
(*4 par angle droit*).

Des vérifications peuvent être obtenues par la répétition
des observations, en faisant varier le point de départ pour
retrouver exactement l'origine ou le point de passage, par
des points remarquables, ou par 100, 200, 300 et 400 grades.

Mesure et report des distances. — La règle topographique,
dans les levés très rapides, permet de déterminer les distances en employant la stadia verticale ou horizontale
décrite plus loin.

Pour reporter les distances, on se sert des échelles
usuelles, inscrites sur les biseaux. Ces échelles, étant
multiples ou sous-multiples les unes des autres, il a suffi
de changer les chiffres pour les établir les unes au-dessus
des autres par série de trois; les talons donnent l'approxi-
mation topographique du quart de millimètre.

L'échelle individuelle du pas de l'homme, du cheval, les échelles de temps, horométriques, horokilométriques, du locomoteur employé, peuvent être collées utilement ou exécutées sur le dessous des biseaux de la règle, sur la bande ménagée à cet effet.

2. Mesure des angles verticaux et des hauteurs. (Différences de niveau. Nivellement.)

La mesure des angles verticaux et le nivellement, obtenus par la règle topographique, sont basés sur le principe suivant : si un miroir est perpendicule, et, par suite, exactement vertical, l'axe optique déterminé par les *centres optiques* de l'œil et de son image est une horizontale. Cette ligne et le plan horizontal déterminé par ses perpendiculaires (l'axe horizontal du miroir auquel elle est matériellement liée et l'axe horizontal passant par le centre du visuel) serviront d'origine aux angles verticaux.

Au-dessus de cet horizon bien déterminé, on lira les pentes de visées ascendantes positives, au-dessous les pentes de visées descendantes négatives.

Les côtés de ces angles sont, d'une part l'axe optique horizontal (centre du visuel, centre du miroir), d'autre part la ligne de visée proprement dite (centre du visuel, point visé).

Dans la manipulation normale, on tient l'instrument à hauteur des yeux, dans la main gauche ouverte, entre le pouce et les quatre doigts, le bord gauche de la règle contre la joue droite dans l'angle du nez, l'œil collé au visuel aussi près que possible. Le coude appuyé au corps assure l'indépendance de la main droite. Celle-ci, saisissant l'appareil entre le pouce et l'index, augmente l'équilibre et la stabilité et assure la régularité des oscillations du perpendicule, jusqu'à l'immobilité suffisante pour faire l'observation : l'œil cherche à intersecter par les deux axes du miroir, formant réticule, l'image réfléchie de la prunelle en cuivre et du visuel.

Ce résultat obtenu, le rayon visuel change immédiatement de direction, pour atteindre de nouveau le point visé par transparence à travers le miroir translucide et lire la pente en centièmes de la distance qui sépare le visuel du miroir. $\frac{n}{100}$ mesure la tangente de l'angle observé. Il suffit de lire ou compter le nombre de millimètres compris entre l'axe optique et la ligne de visée. On peut traduire l'observation par l'expression (pente de tant de centimètres par mètre de la ligne de visée sur l'horizon).

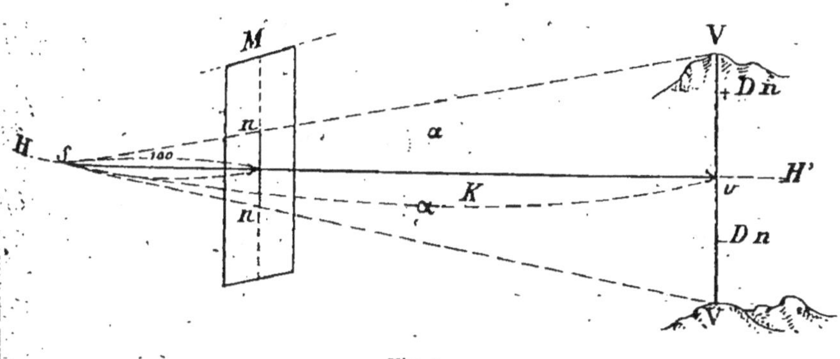

Fig. a.

On calcule les différences de niveau (fig. a) par la formule

$$(1) \qquad D_n = K \times \frac{n}{100},$$

K représentant la distance en mètres et D_n la différence de niveau ; et la cote est donnée par la formule du nivellement

$$(2) \qquad \text{cote } V = \text{cote } S \pm D_n.$$

(V point visé, S point de station.)

Si on ajoute la hauteur de l'instrument désignée ordinairement par l'abréviation *dt*, la formule générale du nivellement applicable à l'instrument devient

$$(3) \qquad \text{cote } V = \text{cote } S \pm dt \pm \frac{Kn}{100}.$$

On en déduit la règle pratique suivante :

Pour avoir la cote d'un point, il suffit d'ajouter à la cote connue du point d'observation, la hauteur de l'instrument (c'est-à-dire 1^m,50 dans le levé expédié), puis d'ajouter (visée ascendante), ou retrancher (visée descendante), la différence de niveau en centimètres obtenue en multipliant la distance des points considérés par le nombre de millimètres lus sur le miroir.

Si, dans des cas particuliers, on est amené en pays très éclairé et très découvert à faire des visées plus grandes que un kilomètre (sur des points très nets), il faut ajouter à partir de 1 000 m à la formule (3) une quantité positive de 10 cm par 500 m d'augmentation jusqu'à 3,000 m, et une nouvelle correction de 10 cm par 200 m d'augmentation jusqu'à 6 000 m. Cette correction est due à la sphéricité de la terre et à la réfraction atmosphérique.

On peut supprimer *dt*, pour éviter cette addition continuelle, en visant une mire de 1^m,50 ou un homme placé au point visé.

Pour obtenir plus d'exactitude dans les calculs, on peut lire les pentes à 1/4 de millimètre près dans le miroir, puisqu'on opère à la vue distincte; on aura ainsi les pentes à $\frac{1}{400}$ près au lieu de $\frac{1}{100}$. Avec un peu d'habitude d'observation on arrive très vite à apprécier la moitié, puis le quart du millimètre.

L'œil s'habitue rapidement à la lecture, ainsi qu'à la vision par transparence à travers le miroir translucide; cette dernière est favorisée par le couvre-lumière.

Certains observateurs préfèrent apprécier le 1/5 de millimètre pour écrire la pente à deux dixièmes près; ce que l'on énonce et transcrit sur le carnet par $n^{mm},2$ ou $n^{mm},4$, etc. Ce mode de transcription est très commode pour les calculs.

On peut, avec l'instrument, mesurer les angles verticaux par les pentes ascendantes et descendantes jusqu'à 35 ou 40 centièmes, ce qui est une limite suffisante, même en pays très accidenté. Cependant, le miroir peut être gradué jusqu'à 50 et 60 centièmes dans les deux sens. Le miroir serait agrandi et la pinnule oculaire montée à rallonge, dans des cas particuliers inhérents aux hautes montagnes.

Pour éviter chez certains observateurs la fatigue qui résulterait de la vision et de la lecture des divisions à 10 cm, distance un peu plus faible que la moyenne de la vue distincte, il a été établi sur le miroir un mode de quadrillage déterminant une espèce de moyen terme entre la vue des myopes que satisferait un quadrillage unique sur le tain platiné et la vue des presbytes, qui demanderait le quadrillage en entier derrière le miroir. A cet effet, le quadrillage de 5 en 5 divisions a été fait sur le tain et le quadrillage en millimètres sur le revers. On a ainsi facilité pour tous la lecture des observations et obtenu de plus une sorte d'équilibre moyen entre le pouvoir translucide et le pouvoir réfléchissant.

Remarque.

1° *Calcul graphique du nivellement.* — On peut obtenir graphiquement et mesurer à une échelle quelconque les différences de niveau en reproduisant graphiquement les résultats donnés par l'instrument. A cet effet, un carnet, quadrillé en millimètres, de la même dimension que l'instrument, lui sera adjoint.

Prenons sur le quadrillage (fig. *b*) un point O représentant le centre du visuel. Menons une ligne inclinée à $\dfrac{n}{100}$,

en prenant sur l'horizontale 100 mm et en élevant une
perpendiculaire de n millimètres. Si on prend sur
la ligne horizontale une longueur $= K$ à une
échelle quelconque, la perpendiculaire $v\,V$ repré-
sente à la même échelle la différence de niveau
cherchée Dn.

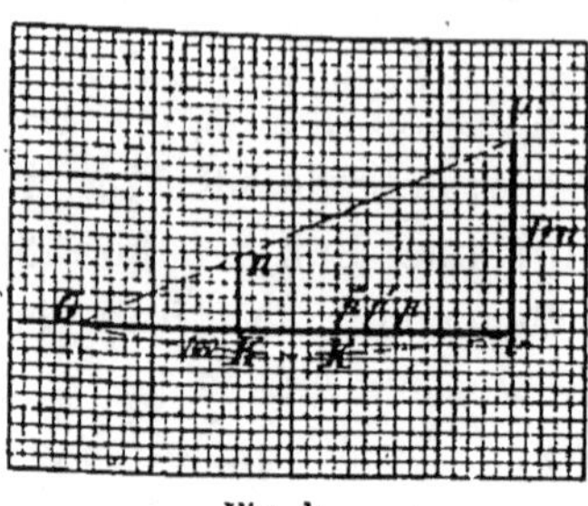

Fig. b.

$2°$ *Point de passage des courbes*. — Si on veut repré-
senter le terrain en courbes (fig. c), l'intersection des
horizontales de millimètre en millimètre avec O V,
profil du terrain obtenu par points, donne l'intersection des plans horizon-
taux équidistants, avec le
sol pour l'équidistance de
1 millimètre (courbe maî-
tresse de 4 en 4) tels que
p, p', p'', etc.

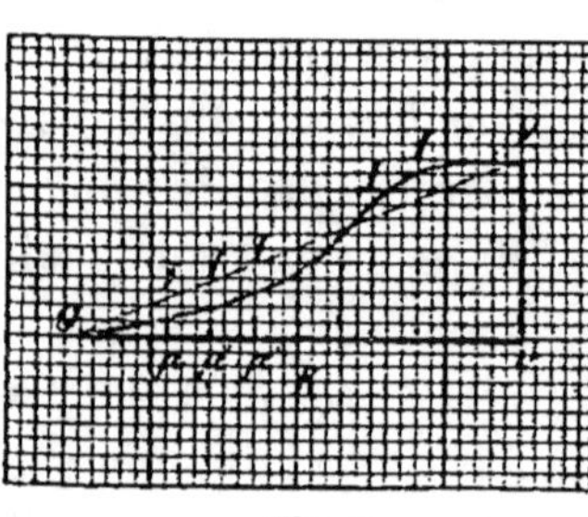

Fig. c.

Pour avoir le point de passage des courbes pour l'équidistance de 1/4 de millimètre de la carte d'état-major, il
suffit de diviser par 4 les écartements obtenus.

L'instrument lui-même donne une échelle des écartements de courbes pour les pentes usuelles de 1/2 à 10 centièmes de pente et l'équidistance de 1/4 de millimètre.

IV. — TÉLÉMÉTRIE. — APPRÉCIATION DES DISTANCES

DE TIR. — STADIMÈTRE VERTICAL ET HORIZONTAL.

La règle topographique est une stadia du deuxième
genre verticale ou horizontale, constituée par le miroir

vertical quadrillé et la distance du visuel au miroir toujours égale à 100 mm.

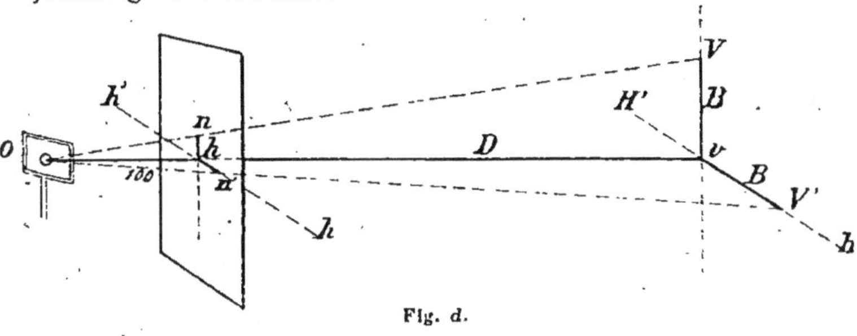

Fig. d.

Si, du point de vue O (fig. d), on embrasse la base verticale vV convenablement choisie, ou la base horizontale
vV' à travers le miroir perpendicule, en la couvrant par un
certain nombre de millimètres représentés par les lignes
nh et hn', les rayons visuels intersectant le miroir déter-
minent les points n et n'.

En appelant D la distance cherchée et B la base v V ou
v V', on a :

$$D = \frac{B \times 100}{n}.$$

Pour obtenir la distance, il suffit de diviser par le
nombre de millimètres couvrant la base cette base elle-
même multipliée par 100. Ce calcul, simple et à la portée
de tous, résulte de la division du miroir en centièmes.

On prend, pour base connue, la hauteur ou la largeur
d'une mire, d'un homme, d'un cavalier pour les petites
distances, d'un clocher, d'un monument, d'une troupe,
d'une batterie pour les grandes distances.

Les bases verticales ont l'avantage d'être toujours exactement parallèles au miroir perpendicule et de donner
plus de confiance dans le résultat obtenu. Les bases horizontales peuvent être choisies plus grandes, il est parfois
plus facile d'en apprécier la valeur ; mais elles sont sujettes
à des erreurs de direction préjudiciables à la certitude des
calculs.

Le problème peut être résolu graphiquement sur le carnet quadrillé à une échelle quelconque.

V. — CROQUIS PITTORESQUE. — TABLEAU PERSPECTIF ET RÉDUCTION DES ANGLES A L'HORIZON.

Croquis pittoresque. — Le miroir perpendicule translucide forme un tableau élémentaire de perspective plane, dont le point de vue est à 10 cm du centre du tableau. La nature se trouve quadrillée et les rayons visuels émis du point de vue s'appuient sur le quadrillage pour déterminer la position des points principaux en perspective.

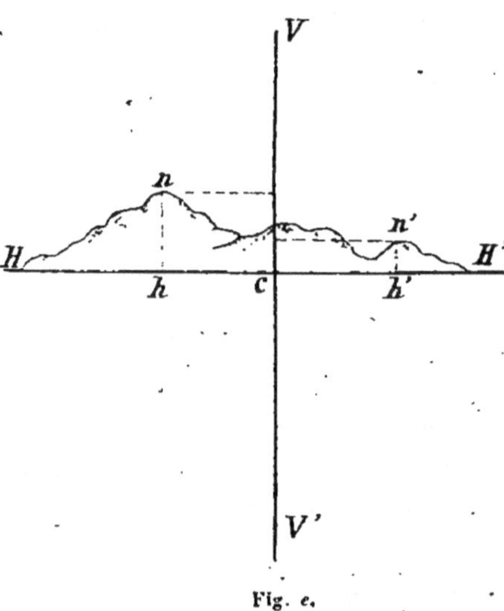

Fig. e.

Si on établit (fig. e) deux axes rectangulaires représentant ceux du tableau, les points remarquables du paysage considéré peuvent être rapportés en hauteur et en direction à ces deux axes. On lit dans le miroir translucide les écartements ou distances de l'axe vertical VV' en millimètres (abscisses) et les hauteurs au-dessus de l'horizon du point de vue HH' également en millimètres

(ordonnées). Les points sont rapportés ensuite sur papier
quadrillé.

On peut amplifier les résultats dans un quadrillage dix
fois plus grand, en centimètres par exemple, pour repla-
cer ensuite chaque point à sa position relative dans les
carreaux de même numéro.

Il suffit ensuite d'ajouter les ombres et les lumières à la
main pour parfaire le croquis, le profil ou la silhouette.

Réduction expédiée des angles à l'horizon. — Si on repro-
duit les axes rectangulaires du miroir et si les points N N'
de la nature sont placés en perspective en *n n'* (fig. *f*),
comme précédemment, en joignant au point de vue V dis-
tant de 10 cm du miroir les points *a* et *a'* projections horizontales de *n* et *n'*, on obtient la réduction graphique à l'horizon de l'angle de l'espace N V N' sous lequel on voit les
points N et N'.

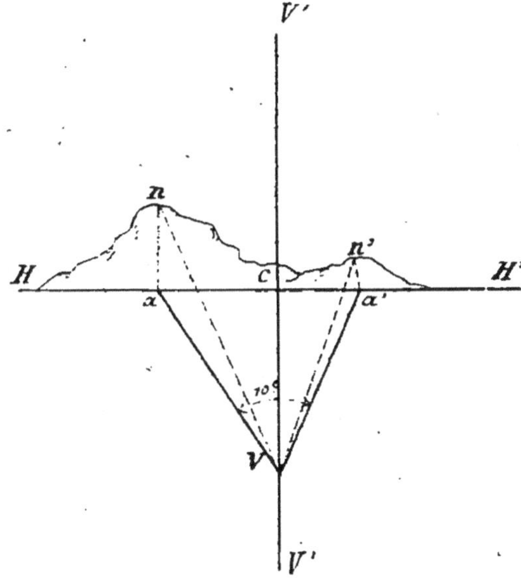

Fig. *f*.

Il suffit donc, pour obtenir rapidement le résultat même
sans placer les points *n* et *n'*, de lire les écartements en
millimètres, de les reporter en *a* et *a'* et de les joindre au

point de vue : l'angle V est l'angle cherché. Le papier
quadrillé rend la solution très simple.

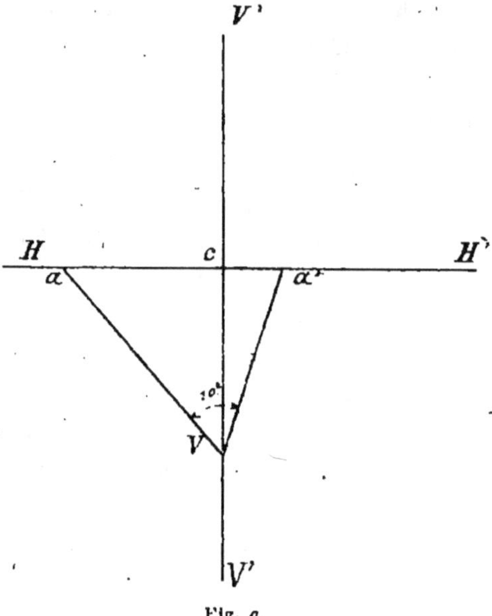

Fig. 9.

Nota. — Le carnet quadrillé, déjà mentionné, avec emplacement pour la boussole-rapporteur incrustée dans le
carnet, sera joint à l'instrument pour résoudre graphiquement les calculs et les petits problèmes dont la solution est donnée par l'instrument. Le carnet permettra en
outre de faire du cheminement au carnet décliné. Il sera
de la même dimension que l'instrument et contiendra la
notice nécessaire à son maniement, le tout ayant exactement les dimensions d'un portefeuille et de la poche qui
doit le contenir en campagne.

VI. — PROBLÈMES A RÉSOUDRE SUR LA CARTE. RÉDACTION D'ORDRES.

On peut employer la règle topographique garnie de sa
boussole, ou la boussole rapporteur seule, isolée de la
règle, pour résoudre les petits problèmes suivants :

1re série.

1° *Orienter la carte.* — Pour cela, régler la boussole sur le méridien géographique, en amenant le chiffre de la déclinaison, vis-à-vis le repère nord, installer une des lignes de foi le long d'un méridien et tourner la carte jusqu'à ce que la pointe bleue marque zéro.

2° *Mesurer un angle sur la carte.* — Orienter la carte, puis faire coïncider la ligne de foi avec la direction, dont on veut l'azimut, et lire l'angle indiqué par la pointe bleue de l'aiguille. Si l'angle à mesurer est quelconque, on l'obtient en faisant la différence des azimuts. On peut également se servir de la boussole comme d'un simple rapporteur. On peut aussi donner d'après la carte l'angle sous lequel une troupe doit marcher, établir son front pour combattre, manœuvrer, camper et bivouaquer.

3° *Rapporter une direction sur la carte.* — L'azimut de cette direction étant donné, on fait marquer à l'aiguille l'angle voulu, on l'immobilise en cette position, puis, faisant coïncider l'aiguille avec un méridien, on rapporte automatiquement l'angle, comme il a été indiqué plus haut.

4° *Mesurer et reporter les distances sur la carte.* — Les diverses échelles de la règle topographique sont celles employées couramment ; elles permettent d'obtenir le résultat sur la plupart des cartes françaises et étrangères. Il suffit d'installer la ligne de foi convenable sur la direction considérée et, pour plus d'exactitude, se servir d'un petit compas à pointe sèche pour reporter la distance à l'échelle et réciproquement.

5° *Tracé et rétablissement des courbes.* — L'échelle des écartements, de courbe, pour l'équidistance normale de $\frac{0,001}{4}$, permet de rétablir rapidement les points de passage des courbes, sur une carte en hachures, sur une direction de pente déterminée ou d'établir les points de passage sur une ligne de plus grande pente connue. L'échelle donne les écartements pour les pentes usuelles de 1/2 à 10 centièmes.

En outre, il est souvent nécessaire de pouvoir apprécier vivement les pentes : aussi est-il bon de pouvoir rapprocher les observations données par l'instrument, des écartements qui expriment les pentes usuelles suivantes :

$$\text{Pour } \frac{100}{100}\left(\frac{1}{1}\right) \text{ l'écartement est de } 0^{mm},25 \text{ ou } \frac{0,001}{4}$$

$$- \quad \frac{50}{100}\left(\frac{1}{2}\right) \qquad - \qquad 0^{mm},05 \text{ ou } \frac{0,001}{2}.$$

Si l'on observe dans l'instrument la pente de.

	$\frac{33}{100}$ ou $\frac{1}{3}$ l'écartement est de $0^{mm},75$ 3/4 mm	
	$\frac{25}{100}$ ou $\frac{1}{4}$ —	1 mm
	$\frac{20}{100}$ ou $\frac{1}{5}$ —	$1^{mm},25$
Pente topographique	$\left\{\frac{12,5}{100}\right.$ ou $\frac{1}{8}$ —	2 mm
	$\frac{10}{100}$ ou $\frac{1}{10}$ —	$2^{mm},5$
Route nationale	$\frac{5}{100}$ ou $\frac{1}{20}$ —	5 mm
Route départementale	$\left\{\frac{4}{100}\right.$ ou $\frac{1}{25}$ —	$6^{mm},25$
	$\frac{2,5}{100}$ ou $\frac{1}{40}$ —	10 mm
Chemin de fer pente maxima	$\left\{\frac{1,56}{100}\right.$ ou $\frac{1}{64}$ —	16 mm

et réciproquement pour un écartement tel que les précédents, la pente est de, etc., etc..., etc., quelle que soit l'échelle de la carte.

VII. — PROBLÈMES A RÉSOUDRE SUR LE TERRAIN EN MANŒUVRE OU EN MARCHE.

2ᵉ série.

1° *Trouver l'angle sous lequel doit s'exécuter ou s'exécute une marche, autrement dit l'azimut d'une direction.* — Viser cette direction avec l'instrument et lire l'angle à la pointe bleue. Suivant le cas, on prend l'une des lignes de visée décrites précédemment, la boussole réglée de préférence sur le méridien géographique.

2° *Marcher dans une direction donnée ou sous un angle donné. Faire marcher plusieurs subdivisions parallèlement à elles-mêmes sous le même angle de manière à conserver leur front et leurs intervalles.* — L'adjudant-major ou l'officier chargé de la direction dans chaque subdivision tourne la boussole ou l'instrument jusqu'à ce que l'aiguille aimantée marque l'angle donné : en ce moment précis, l'axe ou ligne de visée de l'appareil, ou les lignes de foi indiquent la direction à suivre ; il suffit de placer des jalonneurs, de faire marcher les guides, les fourriers et de prendre des points à terre dans cette direction, en vérifiant de temps en temps la direction de la marche.

3° *Établir le front d'une troupe, d'une ligne, en station, en réserve, au bivouac, la faire marcher perpendiculairement à une direction donnée. Vérifier la direction du front, si la troupe est en marche dans une direction donnée.* — Ajouter 100 grades à la direction donnée (25 par exemple). Tourner la boussole ou l'instrument jusqu'à ce que l'aiguille marque 125 : en ce moment précis l'axe, ou ligne de visée de l'appareil ou les lignes de foi donnent la direction cherchée. Il suffit de placer des jalonneurs ou de rectifier la marche des ailes, si l'on est en marche.

4° *Trouver rapidement sa position exacte sur la carte (faire le point.... problème de la carte) ou la position d'un point sur la carte.* — Régler la boussole sur le méridien géographique, viser deux points reconnus et rapporter automatiquement les azimuts sur la carte. L'intersection des deux directions rapportées donne le point cherché. Si on veut vérifier, on peut viser un troisième point, la troisième direction doit passer par le point déjà obtenu.

5° *Passer rapidement de la carte au terrain pour le tracé rapide d'une ligne de défense sur le terrain, ou réciproquement sur la carte.* — Mesurer successivement la direction des divers fronts sur la carte, après avoir établi correctement le point de départ, puis la direction du premier front par rapport aux directions à battre, et à celles dont il faut se défiler, en mesurant son azimut sur la carte. Rattacher les autres directions du tracé au premier front en mesurant les divers azimuts, et les distances sur la carte pour les jalonner ensuite sur le terrain.

De même, on peut établir rapidement une ligne de manœuvre et diverses lignes d'une revue nombreuse.

6° *Petits levers auxiliaires. Levé rapide à l'équerre. Levé par rayonnement. Nivellement direct expédié.* — La facilité d'élever et d'abaisser des perpendiculaires en ajoutant 100 grades à une direction considérée, permet de placer rapidement des points par abcisses et ordonnées comme dans le levé aux diverses équerres. L'instrument, grâce à son stadimètre, rend aussi très commodes les levés par rayonnement, si on envoie aux divers points du tour d'horizon un homme muni d'une mire ou d'un fanion, pour estimer les distances nécessaires à ces levés. On peut aussi niveler rapidement une ligne directement à l'aide d'une mire étalonnée.

7° *Distances de tir.*

a. Apprécier les distances au stadimètre ainsi qu'il est dit plus haut, au chapitre de la télémétrie; couvrir une base d'autant plus grande que la distance est jugée plus grande.

b. On peut aussi résoudre graphiquement *sur le papier*

quadrillé le triangle télémétrique rapidement constitué de la manière suivante :

Viser le point X dont on cherche la distance au point A. Ajouter 100 grades à l'azimut trouvé et tourner la boussole jusqu'à ce qu'elle marque ce nouvel angle : la ligne de visée donne la perpendiculaire AY. Marcher vers Y en mesurant une base AB sur le terrain. Reporter cette base A et viser BX. Rapporter l'azimut de BX, enfin, mesurer $(AX = D)$ à l'échelle adoptée.

c. Résoudre le même triangle par le calcul élémentaire suivant :

Viser le point X et élever au point A la perpendiculaire AB prise comme base. Mesurer AB sur le terrain. Arrivé en B élever la deuxième perpendiculaire indéfinie BZ à AB. Faire planter un jalon sur cette direction, puis mesurer en centièmes, *à l'aide du miroir*, l'angle ZBX, l'égal de l'angle α, soit $\dfrac{n}{100}$ lus sur le miroir.

$$D = K \times \frac{n}{100},$$

en appelant K la base mesurée (AB).

Si un obstacle est en avant de B, on élèvera la perpendiculaire BZ' d'un autre côté à BX et on mesurera l'angle ABZ' $= \alpha$, ce qui mène au même résultat ;

L'angle α étant généralement très petit, sera toujours dans le champ du miroir ; on lira les centièmes autant que possible à 1/4 ou 1/5 de millimètre près.

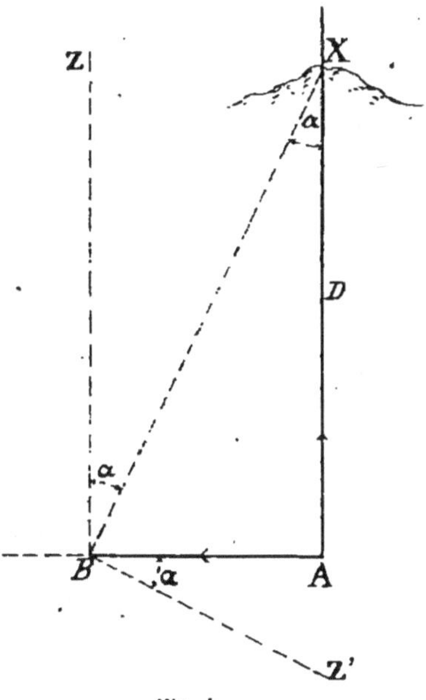

Fig. *h.*

8° *Appréciation des pentes.*

a. Pente d'une direction. Diriger le plan de visée normale sur le point considéré et lire la pente en centièmes.

b. Même solution pour la pente d'une route, où il faut faire marcher de l'artillerie, un convoi, des troupes diverses. Avoir soin de viser un point à hauteur d'homme, ou une mire de $1^m,50$, ou un homme qui marche ou stationne (à hauteur des yeux sous la coiffure). Il en est de même si l'on est à cheval.

Il est souvent nécessaire de comparer les pentes à leur accessibilité. Elles sont plus ou moins praticables aux différentes armes : il est aussi souvent nécessaire de les reconnaître ou de les exprimer sur un croquis par l'écartement des courbes.

Le tableau suivant sera utilement consulté pour ses données usuelles.

Tableau des pentes usuelles en centièmes (Limites).

ÉCARTEMENT DES COURBES.
—

Infanterie.	$\frac{80}{100}$ à $\frac{85}{100}$	(39 à 40°).	$(0^{mm},3125)$ ou 3/10 de mm environ.
Mulets	$\frac{50}{100}$ à $\frac{55}{100}$	(29 à 30°).	$(0^{mm},5)$ ou 5/10 de mm (1/2 mm) —
Chevaux	$\frac{40}{100}$ à $\frac{45}{100}$	(22 à 23°).	$(0^{mm},625)$ ou 6/10 de mm —
Voitures enrayées.	$\frac{15}{100}$ à $\frac{20}{100}$	(8 à 9°).	$(1^{mm},66)$ ou 1 mm 1/2 —
Voitures non enrayées.	$\frac{5}{100}$ à $\frac{6}{100}$	(3 à 4°).	(5 mm) ou 5 mm —
Route nationale.	$\frac{4}{100}$ à $\frac{5}{100}$	(2 à 3°)	$(6^{mm},25)$ ou 6 mm —

c. Dans le tir, l'appréciation des pentes est devenue d'une importance primordiale, depuis l'adoption des armes à trajectoire tendue. D'une observation bien faite, à l'aide de la règle topographique, on pourra déduire, ou changer l'emplacement des troupes, apprécier les zones dangereuses et les hausses à donner aux fractions exécutant des feux d'ensemble. On cherchera, en visant un fond, une crête, à déterminer l'inclinaison moyenne du terrain, qui mène à ce fond, à cette crête ; ou l'inclinaison d'une ligne de mire dirigée sur un point donné à couvrir de feux, ou l'inclinaison de la ligne de mire ennemie par rapport au terrain occupé.

L'appréciation de ces pentes diverses permettra d'en tirer des conclusions, et des applications immédiates et pratiques.

d. Service de reconnaissance.

La règle topographique, d'un transport commode, d'un usage facile, permettra de répondre aux mille observations qu'on exige d'un officier en reconnaissance, surtout en ce qui concerne les distances, les pentes, les hauteurs, la détermination des obstacles rencontrés, etc., etc.

Le tableau élémentaire de perspective plane aidera puissamment l'établissement des croquis rapides et des vues pittoresques explicatives.

NOTA.

En terminant cet opuscule relatif à l'établissement de la Règle topographique et de la Boussole-rapporteur, le capitaine Delcroix est heureux de remplir un devoir de piété filiale, en rendant hommage à ses deux professeurs éminents, le colonel Goulier et le colonel Peigné.

Ces deux créateurs de la topographie nationale ont dirigé pendant de nombreuses années l'enseignement topographique à Fontainebleau et à Saint-Cyr. Par leurs travaux si remarquables ils représentent l'un la topographie de précision, l'autre la topographie de campagne.

La Règle topographique réclame hautement la paternité du regretté colonel Goulier, et la Boussole-rapporteur celle du colonel Peigné.

Nancy.— Imprimerie Berger-Levrault et Cie

RÈGLE TOPOGRAPHIQUE DU CAPITAINE DELCROIX.

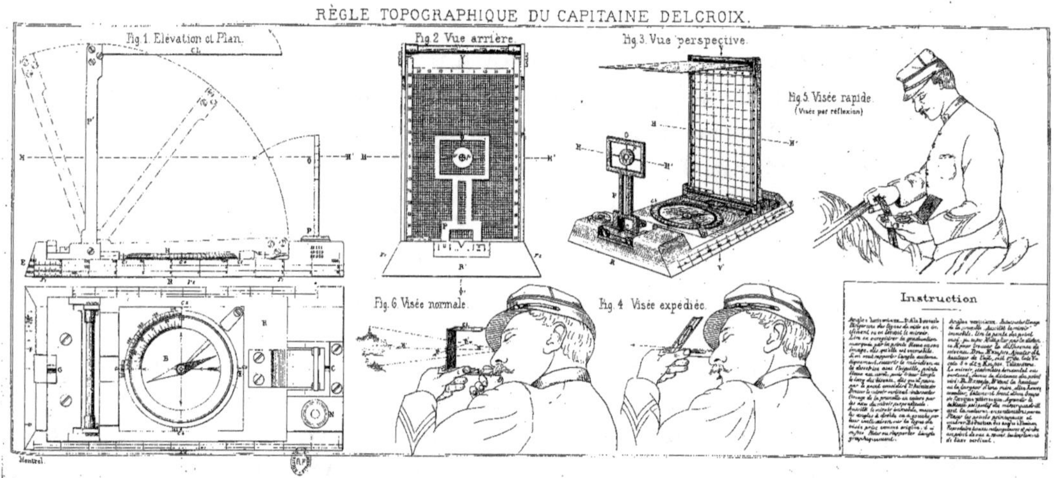

LIBRAIRIE BERGER-LEVRAULT & Cie.

Les Manœuvres à feu de masses d'artillerie et leurs enseignements, par M. Cohadon, lieut.-colonel au 2e rég. d'art. 1892. In-8°. **1 fr. 25 c.**

Conférences sur l'artillerie de campagne, à l'usage des officiers des autres armes et des officiers de la réserve et de l'armée territoriale. 1892. Volume in-8°, broché. . . . . **2 fr. 50 c.**

Notes sur le canon de campagne de l'avenir, par G. Mocu, capitaine d'artillerie, adjoint à la section technique de l'artillerie. 1892. Volume in-8°, broché. . . . . **2 fr. 50 c.**

Notes sur l'artillerie de campagne à tir rapide, par Th. de Nordenfelt. 1re partie. 1892. In-8° . . . . **50 c.**

Balistique extérieure, par le lieutenant-colonel F. Siacci. Traduction annotée par P. Laurent, ingénieur. Suivie d'une *Note sur les projectiles discoïdes,* par le commandant F. Chapel. 1892. Volume gr. in-8° de 490 pages, avec 60 figures, broché. . . . . **12 fr.**

Principes du pointage indirect dans le tir de campagne, par M. Perrache, capitaine d'artillerie. 1893. In-8° . . . . **75 c.**

Notice sur le tir courbe, par le comte Magnus de Sparre, ancien capitaine d'artillerie. 1892. In-8°. . . . . **2 fr.**

Remarques sur les lois de la résistance de l'air. Influence de la vitesse initiale d'un corps sur sa chute dans l'air, par A. Uchard, capitaine d'artillerie. 1892. In-8°, avec 14 fig. et 2 pl. . . . . **1 fr. 50 c.**

Sur les conditions de stabilité des projectiles oblongs, par E. Vallier, chef d'escadron d'artillerie. 1892. In-8°, broché. . . . . **1 fr. 50 c.**

Étude des effets du tir fusant et des formations à adopter sous le feu de l'artillerie, par le commandant Bronsniart. 1892. In-8°, avec 12 figures. . . . . **1 fr.**

Réglage du tir de campagne, par de Saxcé, chef d'escadron d'artillerie. 1891. In-8° . . . . **50 c.**

Le Règlement de tir pour l'artillerie à pied allemande, approuvé le 15 décembre 1892, par J. Klipffel, lieutenant d'artillerie. 1893. In-8°. . . . . **75 c.**

Le Règlement d'exercice pour l'instruction à pied de l'artillerie à pied allemande, par L. Ferrus, capitaine d'artillerie. 1892. In-8°. **1 fr.**

Préparation d'une batterie de régiment au service de guerre, par H. de Mathárel, capitaine d'artillerie. 1892. In-8°. . . . **1 fr. 25 c.**

Modifications à apporter à la tactique de l'artillerie par suite de l'emploi de la poudre sans fumée, par le colonel Mansillon. 1891. In-8° . . . . **1 fr.**

L'Artillerie de l'avenir et les nouvelles poudres. Étude sur l'application des nouvelles poudres aux canons à grande puissance, par J. A. Longridge. Traduite de l'anglais et annotée par G. Mocu, capitaine d'artillerie, adj. à la sect. technique de l'art. 1893. In-8°. **1 fr. 50 c.**

La Poudre sans fumée et la tactique, par G. Mocu, capitaine d'artillerie. 1891. 3e tirage, augmenté de notes. In-8° . . . . . . **1 fr. 50 c.**

Fusées et détonateurs de l'artillerie allemande. Préparation des projectiles pour le tir, par G. Mocu, capitaine d'artillerie, adjoint à la section technique de l'artillerie. 1893. In-8°, avec 1 planche . . . **1 fr.**

Notes sur l'artillerie de forteresse italienne, par A. L. Meyer, lieutenant au 6e bataillon d'art. de forteresse. 1893. In-8°, avec 3 pl. **1 fr. 50 c.**

Notice sur l'emploi et la mise hors de service du matériel de diverses artilleries étrangères, par M. Benoît, capitaine d'artillerie. 1892. In-8°, avec 50 figures. . . . . **2 fr. 50 c.**

Les Armes à répétition à l'étranger, par J. Fraenkel, capitaine d'artillerie. (Italie. Hollande. Suisse. Danemark. Belgique. Angleterre.) 1891. In-8°, avec 3 planches . . . . **1 fr. 50 c.**

La Pyrotechnie militaire (1591), par Maître Johan Boyy de Liège, publiée d'après le manuscrit de la Bibliothèque nationale. 1892. In-8°, avec 39 photogravures, broché. . . . . **3 fr. 50 c.**

Nancy, imprimerie Berger-Levrault et Cie.